우리 시대 현대시조 100인선　77

저녁밥 찾는 소리

이종문

태학사

우리 시대 현대시조 100인선 77
저녁밥 찾는 소리

초판 인쇄 2001년 6월 28일 • 초판 발행 2001년 6월 30일 • 지은이 이종문 • 펴낸이 지현구 • 펴낸곳 태학사 • 주소 서울시 서초구 서초2동 1357-42 • 전화 (02) 584-1740 (代) • 팩스 (02) 584-1730 • e-mail thaehak4@chollian.net • http://www.thaehak4.com • 등록 제22-1455호

ISBN 89-7626-671-4 04810 • ISBN 89-7626-507-6 (세트)

ⓒ 이종문, 2001
값 5,000 원

☞ 저자와 협의하에 인지를 생략합니다.
☞ 파본은 구입한 곳이나 본사에서 바꾸어 드립니다.

◀ 秋史 선생의 글씨가 보이는 銀海寺 大雄殿 앞에서 艸丁 金相沃 선생을 모시고 (맨 오른쪽이 필자)

▼ 경주 암곡동 무장사 계곡에서 가까이 지내는 문인들과 함께 (오른쪽에서 두 번째가 필자)

문경 희양산 봉암사에서 가까이 지내는 문인들과 함께 (앞줄 오른쪽이 필자)

『三國遺事』의 현장 군위 인각사에서 〈逆流〉 동인들과 함께 (왼쪽에서 다섯 번째가 필자)

차례

제1부 그 門 앞

매화꽃, 떨어져서	13
亂打	16
눈	17
入寂 · 1	18
落花	20
나무	22
번개	23
下山	24
地獄	25
興德王陵 소나무 숲	26
붉은 오름	27
晩秋 · 1	29
밥	30
봄날 · 1	31
하늘	32
石鏡	33
가을 내장산	34
그 門 앞	35
반란	36

제2부 무슨 일이 있것노?

봄날·2	39
絶景·1	41
붉은 혓바닥	42
소리	44
悲歌	45
일없는 날	46
入寂·2	47
晩秋·2	48
무슨 일이 있것노?	49
晩秋·3	50
물 그림자	51
추억	52
붉은 빗방울	53
노을 이미지	54
발	56
그리고 낙엽이 지고	57

제3부 저녁밥 찾는 소리

가을날	61
石佛	63
꽁치 ?	65
감꽃	67
靜坐	68
絶景 · 2	69
큰 일	70
그 罪	71
밤차는 아름답다	72
귀여운 그 구더기	73
어둠	74
地上의 시간	75
봄날 · 3	76
저녁밥 찾는 소리	77
미륵사탑	78
무슨 낯이 있것노	79
出發	80
빈 집	82
봄날 · 4	83

引力	84

제4부 考終記

立冬	87
어느 露店에서	88
산돼지를 위한 輓歌	89
꽃며느리밥풀꽃	90
行進	91
그 조약돌	92
꽃	93
꿈	94
가을 麟角寺	95
그냥 놓아줍니다.	96
無邊樓에서	97
그리움	98
오동꽃	99
바람	100
고백	102
詩?	103

考終記 104

해설 시적 품위와 노래의 즐거움 · 정재찬   105
이종문 연보   127
참고문헌   128

제1부 그 門 앞

매화꽃, 떨어져서

다

저문

강 마을에

매화

꽃,

떨어진다.

그 꽃을 받들기 위해 이 강물이 달려가고

다음 질,

꽃 다칠세라

저 강물이 달려오고……

다

저문

강 마을에

매화

꽃,

떨어지고,

다 저문 강 마을에 매화꽃,

떨어져서,

강물이 강물을 이어

흘러가고

있었다.

亂打

으아 통쾌하다, 더더욱 더 나를 쳐라.

이왕이면 진창에다 지근지근 밟은 뒤에 에밀레종 撞座에다 내 이마를 亂打하라. 종소리가 울릴 때까지 더 힘차게 痛打하라.

으ㅎㅎ, 으하하하하, 快快快快快快 **快** !

* 快快快快快快 : 고려 후기의 禪師 慧諶의 禪詩 가운데 一句.

눈

이상도

하지……

이상도

하다아……

오늘 저녁 오시는 저 눈 너무도 이상하다.
어이 해 내리지 않고
빙빙 돌고
있는고 ?

어이 해 내리지 않고 끊임없이 떠다니고 어이 해 내리지 않고 끊임없이 떠돌다가, 하수구 시궁창 속에

                      내려앉고
                          마는고 ?

入寂 · 1

그 하도

무덥던 날에

蘭盆이나

갈자 할 때

 지내 새끼 한 마리가 갑자기 툭, 튀어나와 난분 쥔 손을 탁 놓고 기절초풍하는 판에,

 환장컷네, 지내 새끼 저도 기절초풍하여 엉겁결에 팔뚝 타고 겨드랑에 쑥 들어와 혈압이 팍 치솟것네, 혈압이 팍, 치솟것어, 헐레벌떡 웃통 터니 아래통에 내려가서 거기가 어디라고 거길 감히 들어오네. 너 죽고 나 죽자 이놈 망 할 놈의 **지내 새 끼**..
....

....

　　　마당 귀에 툭 떨어져 이리저리 숨는 놈을 딸
딸이 들고 따라가 타악, 때렸더니,

　윽- ?.!, 하고 입적하셨네.

　이것 참,

　머쓱하네.

落花

지는 꽃
받으려고
치마폭을 벌리던 너.

너도 꽃처럼 지고 그리고도 꽃은 피어 그 무슨 장송곡도 없이

펄
      펴   ㄹ
 ㅍ
   ㅓ   ㄹ
ㅍ   ㅓ
   ㄹ   ㄴ
        ㅏ
ㄴ   ㅡ

　　　　　　　ㄴ
　　　　ㄲ
　　　　　　　　ㅗ
　ㅊ
　　　　　ㅇ
　　　　　　　　ㅣ
　　ㅍ．

나무

그대, 땡볕 속에 양산 쓰는 나무 봤나
그대, 폭우 속에 우산 쓰는 나무 봤나
마른 날 천둥 벼락에 피뢰침 단 나무 봤나.

번개

밤이
오기도 전에
캄캄한 어둠이 와서
세상이 모두 젖을 때 어둠에 검게 젖을 때
어둠을 조금 밝히던
촛불마저 젖을
그 때,

      번
    쩍
        !

온몸을 살라 젖은 하늘 찢어내고 어둠에 이마를 박아
눈부신 빛 토하고선,

작두에 목이 잘린 채
엎어지는
칼 그림자 !

下山

이 세상 모든 그리움 산밑에 모여 산다.

산으로 떠난 사람 산을 내려오는 것도

산밑에 그리움들이 모여 살기 때문이다.

오디 빛 어둠 속에 유자 빛 등불 걸린

창호지 저편에서 딸깍대는 수저 소리,

그 소리 들리는 사립, 기대서는 것이다.

地獄

여기는 지옥이다, 웃기고 있는 지옥 !

난데없이 끌려와서 주리난장 몸을 트는 으으윽 으아아 아악 비명소리 가득한데,

쇠창살 처마 끝에 제비가 둥지 틀어 그기지배 그기지배 신명나게 지저귀고,

西天에 황홀하게도 쌍무지개 뜨는 지옥 !

興德王陵 소나무 숲

왕릉이 있는 숲엔 물소리가 가득하다.

수천 수만의 여인 상반신을 곤두 박고 다리를 번쩍 벌린 채 수중 발레 중이다.

꼬르륵, 꼬르르르륵, 첨벙 첨벙 꼬륵 꼬,

붉은 오름*

<1>

천둥이 풍덩 빠져도 울지 않던 항파두리, 그날 붉은 오름*에 맨 마지막 놀이 탈 땐

울었다 !, 산도 들판도 장승처럼 울었다.

<2>

붉은 피 퍼먹고 터져 저리 처절토록 곱고 살 냄새 뼈 냄새 삭아 향기조차 이리 슬픈, 저 눔의 철쭉꽃 좀 봐 뒷골이 확 땡기겠네.

저 눔의 철쭉꽃 좀 봐 뒷골이 확 땡기겠네, 산발한 머리카락을 지지지지 사지르는 저 눔의 철쭉꽃 좀 봐 뒷골이 확 땡기겠어,

뒷골이 확 땡기겠네, 저 지랄 發狂의 불터 !

* 붉은 오름 : 한라산 1100고지에 있는 오름. 항파두리 성이 함락되자 삼별초의 맨 마지막 지휘자였던 김통정 장군이 최후까지 남은 70여명의 부하와 함께 장렬하게 목을 매어 자살했던 곳임.

晩秋 · 1

<u>흐르는</u>

그 절 속에

한 스님이 살고 있어

이승에 왔던 흔적

남 모르게 지우고 있고,

지우는 그 한 스님도

지워지고

있느니……

밥

밥아,

지금 내 입에
들어가고 있는 밥아 !

들어가서 마누라를 더 힘차게 때려주고,

쿰쿰한 냄새가 나는 똥이 되어버릴

밥아 !

봄날 · 1

둘이서

보던 꽃을

혼자서 바라본다.

일시에 지는 꽃을, 오늘 하루만에 죄다!

그 중에 하나를 받아

바라보다

저무는

봄.

하늘

 아아 저 거울 속에 죄가 다 얼비치네

 얼라 궁디에 붙은 밥풀을 띠 묵은 죄, 문디이 콧구멍 속의 마늘을 빼 묵은 죄……

 머리카락 보일까봐 꽁꽁 숨겨뒀던 이 세상 온갖 죄들이 낱낱이 들통나는,

 미치고 환장할 놈이 몇 놈쯤은 나올 하늘.

石鏡

돌 거울
하나 있음.

돌 거울
하나 있음.

창끝으로 찍어 다듬은 돌 거울 하나 있음.

그 속에
枇杷 서너 알
놀빛으로,

타오름!

가을 내장산

봄날 보리 필 때 못 미친 문둥이도 오늘은 다 미친다
저 通天의 붉은 泣血!

저 앞에 우리 다같이 합죽이가 되자
합.

그 門 앞

이 세상 모든 나뭇잎 다 떨어지는 오늘

이 눈물에 겨운 가을 비행기 한 대를 접고

그 가을 그 詩를 실어 그 문 앞에 날린다.

다시금 제 자리로 돌아오고 마는 것을

종이배로 되 접어서 개울물에 띄워본다.

이 세상 모든 나뭇잎 다 떨어지는 오늘.

반란

　난데없는 반란이다, 잽싸게도 피하는 못.

　망치는 허망하게 내 손톱을 내리찍고 시퍼런 피멍이 들어 피가 철철 흐른다.

　난데없는 반란이다, 못은 이번에도, 슬쩍 대가리를 내미는 척 하다가는

　거꾸로 팅겨 날아와 내 이마에 박힌닷 !

제2부 무슨 일이 있것노 ?

봄날 · 2

<1>

봄날이다 !

붉은 복사꽃 지천으로 떨어져서 그 중에 죄 없는 놈은 극락으로 날아가고

그 무슨 죄를 지은 놈

측간으로

처박히는,

<2>

봄날이다 !

처녀 총각이 환호 작약하는 봄날!

눈부신 꽃상여 한 채 꽃비 속을 뚫고 가고,

哭聲도 우련 붉어라*

못물 속에

얼비치는,

* 우련 붉어라 : 芝薰의 시 「落花」의 一句.

絶景 · 1

開目寺 圓通殿에 열흘 비가 걷히던 날 엄청 늙은 스님 더 늙은 보살님이 새로 핀 채송화꽃을 헤아리고 있었고,

출입 금지된 문의 옹이 구멍 속에서는 열여섯 사미니 소녀 대야에다 발을 담고,

저토록 시린 하늘을 쳐다보고 있었다.

붉은 혓바닥

붉은

혓바닥,

붉은

혓바닥,

밀물과 썰물이 되어 꽈배기를 틀고 싶은, 저 붉은 혓바닥에게 갈 수 없는

혓바닥 !

붉은

혓바닥,

붉은

　혓바닥,

　가을날 바지랑대에 걸어놓고 보고 싶은, 저 붉은 혓바
닥에게 갈 수 없는

　혓바닥!

소리
― 水沒地

딸가닥,
숟가락 소리,

너 지금,
슬프지 그자.

딸깍딸깍,
젓가락 소리,

너 지금,
슬프지 그자.

외조모
사시는 못물
빙빙 돌고
있는
소리.

悲歌

어느 날
밥을 먹다가
병원으로 실려가서
검사가 끝나기도 전 숨을 멈춰버린 그녀.

그녀의 나이는 서른,
그녀의 아이는 셋.

강물에
뼈를 뿌리고
돌아오는 저녁답에
그녀의 갈비뼈 같은 초승달이 치솟더니

하수구 시궁창 속에
그믐달로

일렁댐!

일없는 날

일없는 그 일 말고는 다시는 더 일없는 날

탱자나무 울타리의 달팽이를 손에 놓고

오른 뿔 눌러나 보랴, 왼 뿔을 또 눌러보랴

왼 뿔 누르는 순간 솟아나는 오른 뿔의,

손에 닿지도 않은 그 촉감을 만져보랴

일없는 그 일 말고는 다시는 더 일없는 날

入寂 · 2

나 오늘
갈란다 하고

새벽종이
울리더니

쌍계사
십리 벚꽃이

강물로

뛰어들고,

나 지금
떠난다 하고

저녁 종이
울었다.

晩秋 · 2

　대야 속 세숫물이 머리칼로 뒤덮이고 앞산 꼭대기까지 밀려왔던 밀물들이 썰물로 쓸려간 곳에 진눈깨비 때리는 날,

　어— 화아
　어— 화아
　어화롱차 어— 화아

　저승에 닿기도 전에 시들 꽃을 곱게 꽂고 눈부신 꽃상여 한 채 미륵산을 오른다.

무슨 일이 있것노 ?

대흥사 부도밭에 꼬지래기 쏟아진다.

서른 세 채 사리탑에 불길이 솟구쳐서 눈부신 사리 알들이 요리 튀고 조리 튀고,

조리 튀고 요리 튀던 그날 낮 애지랑날에 영롱한 무지개 한 채 하늘 끝에 걸리더니 송광사 조사당 앞에 불두화 피고 있고,

불두화 지고 있던 바로 그 어스름날에 운주사 돌부처들이 으하하 웃고 있다.

지금쯤 파계사에는 무슨 일이 있것노 ?

晩秋 · 3

그래,

저 홍시는
떨어질 수밖에 없고

가을 날 내 뜰에 놀다 날아가는 새 때들도, 아 그냥 쳐다볼 밖에,

그냥 쳐다볼

밖에……

물 그림자

물
그림자

물
그림자

곱게
익은

물
그림자

모래무지 꼬랑대기에 온종일 얼룽대는 이 가을 설움에 겨운 저 하늘 빛 물 그림자!

추억

붉은 입술에다 사르비아 꽃을 물고 몸서리를 치도록 푸른 강물을 건너가던 그녀의 붉은 목소리 한 옥타브 더 붉어지고……

붉은 빗방울

붉은
빗방울이
내 눈썹에 떨어지고
붉은 빗방울이 네 눈썹에 떨어져서,
이 세상 모든 눈썹들
모조리 다
뽑혀요.

산과 나무와 돌 핏빛으로 붉게 타고, 강과 바다와 하늘
핏빛으로 붉게 타고……

이 세상 모든 푸른 것
붉은 물이
들어요.

노을 이미지

<1> 遭難

마지막

팔딱임을

초침 끝에 올려놓고

저 강물 푸를수록 갈증으로 목이 탈 때,

이승에 마지막 남은
              고독처럼

                    지는

                        노을 !

<2> 한탄강에서

붕어의 흰 배때기를 濁한 물에 띄워 놓고, 탄다, 놀이 탄다, 한탄강에 놀이 탄다!

저자[市]도 저 강물 속의 놀과 같이 곱게 탄다.

<3> 三別抄

목젖 끝 들끓던 분노 놀 속에다 吐해 놓고 命보다 질기다는 맨 마지막 한으로 남아 유채밭 노란 머리를 몸서리쳐 태워라!

발

퀴퀴한

냄새가 나는

신발 속에 처박혀서

九十 巨軀를 지고 종일토록 헤맸던 발,

그 발을 씻어 말린다.

내일도

물집 날

발.

그리고 낙엽이 지고

지난 봄 그 童子僧 햇살을 쓸던 뜨락

제 옷자락 무게조차도 못이기는 늙은 중이 저녁놀 절 밖을 향해 쓸어내고 있었다.

그러나 千山萬山, 千斤萬斤 저저녁놀, 젖먹은힘 젖먹은힘, 저저녁놀 저저녁놀!

     그리고, ...

  낙엽이 ....
      지고 ....
....

     그리고, ...
 .... 눈이
    내리고..............................
  ....

제3부 저녁밥 찾는 소리

가을날

아직은
더 살고 싶은,
살고 싶은 가을날.

'동작 그만'으로 선
은행나무
가지 끝에

한 바탕 돌개바람이 땅을 말아 올린다.

一瞬,

가지 끝이

미친 듯이 요동치고

수천 수만의 나비 蒼空으로 치솟다가,

못물에

뛰어

내린다,

살고 싶은 가을날.

石佛

<1>

눈물이여 !

눈물이 나서 눈 뒤집힌 돌 계집이 돌부처 코를 깨어 産藥으로 다려 먹고,

코 없는 돌부처 앞에 밤새도록 빌었다.

<2>

목
없는
돌부처 위에
宿緣처럼 앉아 있는
풀무치 날개 끝에 장삼 빛 밤이 오면,

천년을 숨어 산 이의
가을 병이
도진다.

<3>

천년을 하루 같이 남의 머리 이고 서서 피도 안 도는데 숨인들 쉬었을까.

산처럼 밀려온 놀을 어이 참고 견뎠노.

꽁치 ?

등 푸른
파도를 타던
등 푸르고 힘센 꽁치
난데없다! 어느 날 아침 식탁으로 끌려와서
육신은
허물어지고

뼈가지만,
남는다.

아아, 대가리와 긴 등뼈로 남았다가 두 눈동자 충혈된 채 돼짓물에

   곤
두
   박
혀

천만 길 깊은 바다에

가라앉고
마는

꽁치 ?

감꽃

실에다 너를 꿰어 목걸이를 만들어서 그녀의 까만 목에 걸어놓고 빼먹었지.

먹어도 허무가 되는 허기 같은 너의 살을……

靜坐

나 오늘 그대와 함께 마주 앉아 있음이여.

나의 허파꽈리를 돌아 나온 숨결들이

그대의 허파꽈리로 들어가고 있음이여.

그대의 허파꽈리를 돌아 나온 숨결들이

나의 허파꽈리로 들어오고 있는 날에

밥상을 앞에다 놓고 마주 앉아 있음이여.

絶景 · 2

絶景이다!

흰 사발 속에 모락모락 김이 나는, 질펀한 짜장들이 질척하게 깔린 뻘에

눈부신 靑玉 서너 알

알몸으로
나뒹구는,

큰 일

無事亦成事 : 鏡虛의 詩句

일없는 그 일 말고는 다시는 더 일없는 날,

지척엔 감을 곳 없는 비온 뒤 호박 넝쿨 제 몸을 칭칭 감는 데 드는 시간 재어 본다. 넝쿨 손 그 앞에다 내 손가락 세워놓고 감을까, 안 감을까, 먼 산을 보는 동안 넝쿨 손 내 손을 감아 간지러워 못 살겠네. 간지러워 못 살 일 생겨 일 없는 줄 몰랐더니, 내 새끼 손 칭칭 감아 이것 참 큰 일 났네.

이것 참 큰 일이 났네, 집에 못 가 큰 일 났네.

그 罪

그대
그 죄를 다,
다 어이 감당할래.
엄청 눈물겹고 아프도록 부신 봄을, 아그냥다보내놓고

죄인 줄도
모르는
罪

밤차는 아름답다

칠흑에 칠흑을 칠한 캄캄한 어둠 속에
네모난 긴 불빛 행렬 어디론가 흘러간다.
칠흑 속 네모난 불빛, 밤차는 아름답다.

가물가물 먼 꿈결처럼 몽롱하던 네모들이
달리는 버스를 향해 밀물처럼 밀려올 때,
보인다! 그 네모 속의 고개 숙인 흰 이마들……

네모 속 흰 이마들을 집에까지 바래주려
어둠 속 긴 불빛 행렬 밀려왔다 밀려가는,
밤차는 아름답구나, 우리 나라 여름밤은.

귀여운 그 구더기

등 푸른 바닷가에 모처럼 휴가를 가서 코펠 뚜껑을 열고 점심을 먹으려는데,

귀엽다! 된장 찌개에 동동 뜬 구더기 새끼

귀여운 저 구더기를 어이할까 생각다가 아무도 모르게 숟갈로 슬쩍 떠서 입에다 넣어버렸지 너무 예쁜 그 구더기. 구더기 구더기 너무 예쁜 그 구더기, 너무 예뻐 그런 건지 아무렇지도 않데. 너무도 예쁜 탓인지 그런 대로 맛도 좋고……

돌아와 식탁에 오른 된장 찌개 보는 순간 창자가 왈칵!, 하고 꽈배기를 트는 거 있지.

귀여운 그 구더기가 동동 안 뜬 탓인지 몰라.

어둠

마른
하늘 아래
난데없는 지렁이다.

그 무슨 혁명군처럼 개미들이 몰려오고

꿀꺼덕,

天地玄黃은

칠흑 같은
어둠이다.

地上의 시간

  수족관 뛰쳐나와 퍼더더더, 더득, 대다 접시에 뇌사상태로 얌전하게 드러누운 방어의 꼬랑대기가 꼼지락거리는 그 때,

  고장난 벽시계 속엔 초침만 혼자 살아 앞으로 꿈틀대고 뒤로 꿈틀대고 있다.

  이 가을 지상의 시간 꿈틀대며 앓겠다.

봄날 · 3

칼날에 처형당한 채 요리조리 꿈틀대는 산낙지 접시 속에 동백꽃

  뚝,
      뚝,
  진
     다.

시퍼런 봄날 白晝에 붉은 피 낭자하다.

저녁밥 찾는 소리

실솔이,* 저실솔이, 저실솔이, 울음소리

어느 날 일렬 종대로 내 두개골 틈을 뚫고 무심코 들어왔다가 길을 잃고 우는 소리

미치것네! 저실솔이 골수에서 우는 소리. 갈팡질팡 흩어져서 이리저리 헤집으며,

소올 솔 김이 오르는 저녁밥 찾는 소리.

* 실솔이 : 귀뚜라미.

미륵사탑

 미친 년 널 뛰듯이 天方地軸 바람 분다. 복사꽃 눈[雪] 퍼붓는 그 봄날 그 겨울을 복사뼈 그 어디 쯤에 진눈깨비 맞는다.

 가부좌 고쳐 틀고 어금니 다시 문다. 차마 주저앉지 못할 그 아픔 아는 이가 이마에 두 손을 얹어 폭삭 삭을 그 날까지.

무슨 낯이 있것노

경술년
욕된 날부터
스무 나흘 밥을 끊어,
마침내 숨조차 끊은 한 선비의 무덤 앞에,

酒草도 못 끊는 이가 무슨 낯이

있것노

出發

붉은
고추를 먹은
한 마리 고추잠자리
서리맞은 호박 넝쿨에
대가리를 곤두박고
날개 끝 千斤 어둠을 **치르르르** 떠는 저녁,

오른쪽
더듬이가
반도 넘게 뚝, 부러진
不具의 귀뚜라미가 노을 산을 넘고 있다.

그녀의 가녀린 어깨
왼쪽으로
　　　　기
　　　　　　울 어
　　　　　　　　지 고……

이 세상
모든 길들이
다 끝나는 무덤 위엔
눈부시다, 저 순금의 마타리꽃 한 송이가
트라이앵글을 치며
길 떠나고
있구나.

빈 집

작년 봄 섬돌 위에 놓여 있던 그 고무신, 올 봄에도 바로 거기 그대로 놓인 채로 맨발로 길 떠난 사람 기다리고 있는 빈 집.

봄날 · 4

그가 남모르게 그녀를 사랑할 때,

뜻밖에도 그의 형님을 남모르게 사랑했던, 급기야는 놀랍게도 형수가 되어버린,

그녀의 송곳니 같은 마늘 싹이 돋는 봄날,

너울, 대는구나. 너울너울, 대는구나.

천만의 수양버들이 머리채를 다 푼 채로 실실이 눈썹 달 달고 너울대고 있구나.

引力

사랑!

그것을 하면 내 그대를 쳐죽이고, 아니면 그대가 나를 패죽이게 된다 해도,

그래도 어쩔 수 없네. 이 기겁할 만유인력!

제4부 考終記

立冬

녹슨 굴렁쇠 하나 이리 저리 구불리며 귀뚜라미 한 마리가 먼 산맥을 넘어와서,

이 세상 家·家·戶·戶를 다 헤매고 다니더니……

폐광촌 빈 아파트 열 길 벼랑 타고 올라
베란다 강아지풀, 그 옆에서 울고 있다.
모처럼 마음 턱 놓고 목을 놓아 울고 있다.

이박 삼일 동안 정식으로 날을 잡고 저무는 天地玄黃 가이 없는 저녁놀을,

이 세상 울고 싶은 놈 다 따라와 울고 있다.

어느 露店에서

영하로
날이 저문다.
一陣 狂風이 분다.
장난감 바람개비가 신명나게 돌아가고 이 가을 마지막 놀이 고추보다 맵게 탈 때,

컵 라면

박스 속엔

결도 고운 아기 숨결

세상 일 내 어이 알랴 저 눈부신 목숨 앞에

때묻은 한 닢의 동전

금속성이
울린다.

산돼지를 위한 輓歌

쾅 !

터지는 날엔
파편으로 틔어 오를

녹슨 지뢰밭을 떼를 지어 달리더니,

콰아앙 !

터지는 소리,

그리고도

푸른
하늘.

꽃며느리밥풀꽃*

　시아버지 젯밥 지을 쌀 두 톨을 먹은 죄로 뒷산 도래솔에 목을 메고 죽었다는,

　며느리밥풀꽃 없는 세상을 꿈꾸다가,

　붉은 혓바닥에 흰 밥풀을 물고 있는, 그것도 단 두 톨씩 공평하게 물고 있는

　꽃며느리밥풀꽃 같은 세상을 생각한다.

* 꽃며느리밥풀꽃 : 며느리밥풀꽃의 다른 이름.

行進

　왕복 사차선의 아스팔트 포장길을 달팽이 한 마리가 무단횡단하고 있다.

　오오 이 직사광선 속의 莊嚴無比한 행진!

그 조약돌

삼 년을,
품고 다닌,
조약돌,
그 조약돌.

꿈에도 내 사랑을 알 리 없는 그녀에게 무기명 등기 속 달로 부쳐버린 그 조약돌. 그러나 놀랍게도 달포쯤 지난 뒤엔 그 者의 손바닥 위에 놓여 있던 그 조약돌!

지금은
어디서 살꼬?
그 눈물 같은
돌은.

꽃

꽃이
고운 꽃이

환장하게
고운 꽃이

사람은
간 데 없는

무덤 가
거기 피어

돌 위에
창자를 놓고

찧는 듯이
아파라!

꿈

이게
무슨 꿈일까
이게 무슨 꿈일까

내가 먹어치운 천만 마리 멸치 떼가 시퍼런 하늘 속으로 일제히 치솟는 꿈. 그 순간 마른 하늘에 벼락불 천둥치고 단 솥에 깨춤 추듯 우박이 땅을 치고, 천만의 지렁이 떼들 꿈틀대고 있는 꿈.

천만의 지렁이 떼들 꿈틀대고 있는 꿈, 천만의 지렁이 떼들 꿈틀대고 있는 꿈,

천만의 지렁이 밟고
도둑놈이
오는
꿈.

가을 麟角寺

   그 무지개 잡으려고 벼랑 타고 오르다가 그 아찔한 벼랑 끝에 뿔을 걸고 매달렸던,

   그 기린 뿔 위에 세운 절 한 채가 저문다.

그냥 놓아줍니다.

주말 농장에 가서 조리개로 물을 주니
숟갈만한 배추 잎들이 꼼지락거립니다
숟갈 속 배추벌레도 꿈틀꿈틀 거립니다.
꿈틀꿈틀 대는 놈을 젓갈로 집었더니
배추 잎 그 푸른 영혼, 그런 汁을 흘리면서
어디가 불편하신 지 온몸을 뒤틉니다.
요리조리 트는 놈을, 돌 위에 놔줬더니
친애하는 議員 여러분 요놈 좀 보십시오
온몸을 둥글게 말고 시치미를 딱 뗍니다.
너 봐냐?, 물었더니 죽은 체 한답니다.
너무도 살고 싶어 죽은 체 한다기에
돌로 칵, 쳐죽이려다…… 그냥 놓아줍니다.

無邊樓에서

바람,

숨구멍조차

투명하게 보이던 날

열엿새 둥근 밤에

맨 처음 진 꽃잎 하나,

저 무한 天空 속으로……

흘러가고 있었다.

그리움
―徐荷葉에게

荷葉아!

하고 부르면 온 천지간 荷葉들이 저 여기 있어요 하고 일제히 속살대는,

칠팔월 荷葉亭에도
간 데 없는

荷葉
하나.

오동꽃

다 저문
골기와 집에

오동꽃,

떨어지고,

다 저문
골기와 집에

오동꽃,

떨어져서,

다 저문
골기와 집에

오동꽃,

수북하다.

바람

            번
          쩍
                  !,

              검은 하늘이 처음
으로 째졌을 때 스무 살 처녀를 향해 짐승처럼 달려드는
미쳐도 제대로 미친 한 사내가 보였다.

    번
        쩍
    !,

검은 하늘이 다시금 째졌을 때 사내의 목을 껴안
고 기를 쓰고 매달리는 미쳐도 제대로 미친 한 처녀가 보
였다.

              번
          쩍

                    ! ,

                              검은 하늘이 다
시 한번 째졌을 때 처녀의 검은 머리채 미친 듯이 흔들렸
고, 삐거덕 문을 나서는 한 사내가 보였다.

  마침내 모든 구름들 솜사탕이 되었는지 싸리비로 싹 쓴
듯이 티없는 저 하늘 밑,

  진창에 처박혀 있다, 뿌리 뽑힌 수양버들 !

고백

봄마다
내 몸 속에
죄가 **꿈틀**, 거린다네.
티없는 눈길로는 피는 꽃도 차마 못 볼,
들키면 큰 일이 나는
죄가 **꿈**
틀, 거린다네.

죄가 **꿈**
틀, 거린다네
들키면 큰 일이 날,
망치로 후려치고 때릴수록 일어서는 두더지 대가리 같은,

피는 꽃도
차마
못
볼,

詩 ?

어떻게 ?

땅에 묻혔다

풀잎 속을 헤엄치는,

각시붕어 고운 가슴을

꽁꽁 묶은 말기*를 풀고

눈부신 그 婚姻色을

훔쳐보듯,

그렇게 ?

* 말기 : 옛날 여인들이 가슴을 숨기는 데 사용했던 가리개.

考終記

천오백
칠십 년
섣달 초사흘 날
退溪 선생께서 설사를 하셨다네

그리고 말씀하셨네
이 梅盆을 옮겨주라.

초여드레, 난데없이 눈이 펄펄 퍼붓던 날 자리에 앉으신 채로 눈을 고이 감으셨네

지상의 맨 나종 말씀
梅兄에게 물을 주라.

> 해설

시적 품위와 노래의 즐거움

정재찬

청주교대 교수

1. 흔적에서 묻어나는 음색

지금 우리는 해체주의 시대에 살고 있다. 전통적인 문학 장르들도 해체되고 있다. 그래서 期待와 危懼가 한데 섞인 목소리들이 들려온다. 전통의 권위만 의심스러운 것이 아니라 권위를 해체한 다음 차례의 것에 대해서도 미심쩍긴 마찬가지기 때문이다.

이에 비해 시조는 진작에 해체를 겪은 바 있지 않냐고 생각할 수도 있다. 아닌게 아니라 현대시조의 성립 여부는 전적으로 전통 시조 양식의 해체적 변용 가능성에 달린 듯이 여겨지기도 하였기 때문이다. 그래서 시조이면서 시조 아닌 듯한, 또는 시조 아니면서 시조인 듯한 형식과 느낌을 찾기에 많은 이들이 골몰하는 것 같은 인상을 주었던 것도 사실이다. 하지만 그 정도를 두고 해체라 부름은 온당치 않다. 해체는 양식의 문제라기보다는 정신의 문제요, 권력의 문제이기 때문이다.

이종문 시인은 시조의 양식성을 자신의 작품 내에서 '흔적'으로 다룰 수 있는 시인이다. 시조의 느낌은 흔적으로 남아 저 밑바닥에서부터 아우라로 작용할 뿐이다. 시조의 음색은 저층에 깔려 흐르는 낮은 베이스음과도 같다. 그래서 그에게 중요한 것은 오직 '시' 그 자체이고, 다만 자신의 '시'의 원형질을 '시조'에서 구할 따름인 것으로 보일 정도이다. 달리 말하면 그는 '시조'를 쓰지 않는다. '시'를 쓰되 '시조'에서 詩性을 구할 따름인 것이다. '시조이면서 시조 아닌 듯함'의 추구가 아니라 '시이면서 시조인 듯함'을 추구한다고나 할까. 前者가 형식 콤플렉스를 동반하기 쉬운 반면, 後者와 같은 태도는 시의 형식에 관한 한, 적극적인 발상을 낳는다.

양식에 기반해 보면 그의 시는 크게 두 가지 경향으로 나뉜다. 평시조나 한시로부터 원형질을 뽑아내는 것으로 보이는 작품들의 경우, 그의 시는 일반적으로 품격이 느껴진다. 반면에 사설시조의 아우라를 이끌어내는 작품들은 말 그대로 즐겁다. 이러한 두 경향은 시와 노래의 성격으로 대별될 수 있다고도 여겨진다. 시적 품위와 노래의 즐거움을 추구함으로써 그는 자신의 창작 욕망을 적절히 분화해낸다.

그 어느 경우든 실제로 그는 다양한 종류의 양식상 실험을 보여주고 있지만 그 같은 그의 도전에서도 파괴의 냄새는 별로 느껴지지 않는다. 그에게도 권력 지향이 있다면, 아마도 그것은 무위권력으로서의 自然과 道에 닿아 있기 때문일 것이다. 그가 시 속으로 끌고 들어오는 일상조차도 알고 보면 거기에 가깝다.

2. 이미지를 통한 여운과 그 이후

시조의 품격은 역시 압축과 절제에서 비롯된다. 이종문 시인은 이를 위해 설명보다는 보이기에 치중하여 이미지 제시에 심혈을 기울인다.

　다 저문
　골기와 집에

　오동꽃,

　떨어지고,

　다 저문
　골기와 집에

오동꽃,

떨어져서,

다 저문
골기와 집에

오동꽃,

수북하다.
― 「오동꽃」 전문

　오동꽃이 떨어지고 쌓이는 모습을 동어반복에 가까운 방식으로 제시하고 만 이 시에서 무슨 심각한 주제의식을 찾는 일은 거의 무의미하다. 김소월의 「산유화」와 비교해 보면, 도무지 이 시인은 그저 사실이 그렇다는 것일 뿐, 그 이상의 뭔가를 얘기하고 싶어하지는 않는 것 같다. 그렇다. 오동꽃이 떨어지고 떨어져서 수북하다는 것, 그것이 전부다. 하지만 이 시에는 기막힌 역전이 있다. '다 저문 골기와 집'에 떨어지는 '오동꽃', 이 시인은 유독 落照와 落花 같은 것에 관심을 잘 보이곤 하거니와, 그러나 이 시는 그같은 소재가 곧잘 유발하게 마련인 哀傷的 情調를 간단히 뒤집는 데 성공하고 있는 것이다. 초장에서 중장에 해당하는 부분까지는, 해도 다 저물고, 심지어 골기와 집마저 몰락한 가문 같은 인상을 주고, 거기에 더해 오동꽃이 떨어지고 또 떨어지는데, 종장에 이르게 되면 바로 그처럼 떨어지기 때문에 비로소 오동꽃이 수북하게 쌓이는 행복과 풍요로의 變轉이 벌어지게 되는 것이다. 그런 점에서 중장의 말미가 '떨어져서'로 끝나는 것은 주목할 가치가 있다. 중장에서 종장으로 넘어가는 그 휴지 기간 동안 우리는 상투적인 인과관계를 예상하게 되지만, 종장을 통해 벌어지는 그 유쾌한 반전은 우리를 새로운 인식으로 이끌어주기 때문이다. '떨어져서' 축복받는 존재가 될 수 있다는 것을 두고 역설이라 부르곤 하지만, 그것이 역설로 비쳐진다는 것 자체가 바로 우리 인식의 상투성과 편협성을 말해 주고 있는 것은 아닐까. 소위 '잘 나가서' 행복한 사람이 과연 얼마나 많을까. 그것이야말로 오히려 역설은 아닐까. 단순한 사실을 통해 진리를 발견해 내는 시인을 두고 통찰력이 있다 말한다면, 분명 이 시인은 통찰력이 그득한 자임에 틀림없다.

이처럼 상큼한 이미지 제시 이상을 넘어서는 경우가 그의 시에서는 자주 발견된다. 때때로 어떤 이미지들은 禪的이어서 이미지 자체가 다시 話頭로 변하기도 한다.

그 무지개 잡으려고 벼랑 타고 오르다가 그 아찔한 벼랑 끝에 뿔을 걸고 매달렸던,

그 기린 뿔 위에 세운 절 한 채가 저문다.
　　　　　　　　　　－「가을 麟角寺」 전문

開目寺 圓通殿에 열흘 비가 걷히던 날 엄청 늙은 스님 더 늙은 보살님이 새로 핀 채송화꽃을 헤아리고 있었고,
　　　　　　　　　　－「絶景·1」 부분

　박목월의 시풍을 연상케 하는 이 일련의 작품들이, 그러나 박목월과 차별되는 지점은 체언 종결형과 용언 종결형의 대비에서 찾아 볼 수 있을 것이다. 박목월과 달리, '나그네'가 초점이 아니라 '나그네의 행위'가 초점이 되는 것, 이종문은 그 행위의 의미를 묻고 있는 것이다. 물론 채송화 꽃을 헤아리는 행위의 의미는 독자 각자가 채워나가야 할 부분으로 남는다. 그것이 바로 禪的 이미지의 제시를 통해 시인이 독자와 소통하고자 하는 바가 될 것이다.
　행위가 없는 풍경의 제시가 아니라 풍경을 그려도 행위를 통해 제시하고자 하는 것, 따라서 그가 종결형 어미를 사용하지 않고 종장을 끝맺을 때에도 종종 용언의 관형사형 어미를 취하는 것 역시 그로서는 당연한 선택이라 할 수 있다.

　　봄날이다 !

붉은 복사꽃 지천으로 떨어져서 그 중에 죄 없는 놈은 극락으로 날아가고

그 무슨 죄를 지은 놈

측간으로

처박히는,

―「봄날·2」부분

 일반적 어순으로 바꾸어 놓으면 이 시는 당연히 '봄날이다!'로 끝이 난다. 그 경우 이 시는 상태, 곧 장면 정지로 인상에 각인된다. 하지만 이 시는 상태를 먼저 제시하고 그 상태를 전후한 사정을 늘어놓는다. 이러한 그의 장면 제시 방법은 마치 카메라에 포착된 순간적 장면에 약간의 시간 지속이 허용되는 듯한 효과, 말하자면 사진보다는 길고 동영상보다는 짧은 장면 효과를 갖는다. 그의 시가 動的이라 하기엔 다소 靜的이고, 靜的이라기엔 다소 動的으로 읽히는 이유가 여기에 있다. 이것은 단순히 여운을 늘이기 위한 장치로만 기능하는 것은 아니다. 그럼으로써 우리의 관심은 봄날 그 자체보다는 봄날의 의미에

대한 탐색으로 이어지게 되기 때문이다. 그의 시에서 의미는 늘 행위 속에 담겨져 있는 것이다. 그리고 그 행위는 시간의 의미와 다시 만나게 마련이다.

흐르는

그 절 속에

한 스님이 살고 있어

이승에 왔던 흔적

남 모르게 지우고 있고,

지우는 그 한 스님도

지워지고

있느니……
-「晩秋・1」 전문

시간에 대한 이러한 관심이 시의 품위를 가져온다고 한다면 지나친 비약일까? 모든 것은 변하기 마련이라는 것,

이것은 당연하다 못해 낡아 보이기까지 하다. 하지만 그것을 달리 표현하면 곧 고전적이라는 의미로 이해된다. 마치 일제 강점기하 시조 부흥기에 선비 기질이 시조 속에 자주 표출되었던 것과 연관하여 이해해 봄직하다. 선비 기질, 그것은 그 시대의 품위를 지키는 중요한 한 방식이었을 터이다. 그러기에 당시의 시조 속에 등장하는 골동품 역시 단순한 골동품일 수 없었던 것, 그것은 곧 정신의 문제였던 것, 그런고로 이를 두고 귀족적이니 회고 취미니 단정하기는 어렵다는 것. 마찬가지로 이종문의 시에 등장하는 약간의 비의적 표현 역시 시의 품격을 확보해 주는 측면으로 작용하고 있음은 부인하기 어렵다.

이렇게 되면 전통 속에 거함으로서 시적 안정을 찾기가 쉬워지는 장점이 있는 반면, 그만큼 이른바 매너리즘의 문제로부터 자유롭기도 힘들어진다. 그것은 시적 긴장을 해친다. 이 사태를 막기 위해서인지 이종문은 이미지의 충돌을 의도적으로 꾀하기도 한다. 이미지의 여운을 통한 고상함만을 추구하지는 않는 것이다. 오히려 그로테스크의 미학을 시도하기도 하는 것이다. 이 경우 시는 고상함을 포기하는 대신 역동적인 이미지를 창출해 내는 데 성공하게 된다.

　　칼날에 처형당한 채 요리조리 꿈틀대는 산낙지 접시 속
　에 동백꽃

뚝,
　　　뚝,
　　진
　　　다.

　시퍼런 봄날 白晝에 붉은 피 낭자하다.

―「봄날·3」 전문

　동백꽃이 산낙지와 충돌한다. 복사꽃이 극락과 더불어 측간과 대비되었던, 앞서 인용한 「봄날·2」도 주목해 보라. 이러한 이미지 충돌 기법은 현대 시조가 갈등의 한 양상을 의도적으로 제거함으로써 쉽게 화해하고 쉽게 고상할 수 있었던 측면을 혁신할 수 있는 한 방법이 된다. 즉 이종문은 존재의 드러냄에 있어 갈등의 긴장에 주목함으로써 존재에 새 형식을 부여하고 있는 셈인 것이다.

　그러나 이것은 쉽지 않은 선택이다. 그가 두 가지 이미지 제시 방식을 병행하고 있는 것은 그 같은 고뇌의 자연스러운 드러냄이다. 은폐와 개진 사이의 긴장을 한 작품 내에서 통합적으로 다루기 위해서는 보다 시적인 그 무엇을 찾아내야만 한다. 이 과제는 실로 難題라 아니할 수 없다.

3. 요설을 통해 작은 것을 노래하기

여기서 이제는 다소 진부하게 들리는 논의를 들여와야 겠다. 詩와 歌의 결합 형태로 존재했던 시조는 개화 이후 그 곡조의 측면을 상실한다. 곡조의 분리 내지 소멸이란 시조 양식의 불구 상태는 물론, 자칫 시조 양식 자체의 해체를 가져올 수도 있었다. 그래서 그 곡조의 자리를 대신할 대치물의 발견 여부가 근대 이후 시조 양식의 사활을 다투는 문제라 할 때 六堂은 朝鮮主義라는 관념을, 가람은 蘭으로 대표되는 藝道를 내놓은 것으로 평가되곤 한다.

그러나 곡조, 곧 노래란 구체이다. 구체의 대치물을 구체 아닌 어디에서 찾을 수 있는가. 노래다움의 회복이 관건이 아니겠는가. 흥미로운 사실은 이종문의 경우 아예 '시'를 추구하는가 싶을 때는 평시조의 흔적에 기대는 듯 하더니, '노래'를 부르고 싶은 욕망은 사설시조의 전통을 主調低音으로 삼아 해소하고자 한다는 점이다. 이 경우에도 앞서와 마찬가지로 전자가 주로 은폐라면 후자는 개진에 가깝거니와, 전자가 自然과 道에 주로 착목하는 반면 후자는 日常과 感情에 주목하고 있어 이 역시 흥미로운 대비를 이룬다.

그 하도

무덥던 날에

蘭盆이나

갈자 할 때

지내 새끼 한 마리가 갑자기 툭, 튀어나와 난분 쥔 손을 탁 놓고 기절초풍하는 판에,

환장컷네, 지내 새끼 저도 기절초풍하여 엉겁결에 팔뚝 타고 겨드랑에 쑥 들어와 혈압이 팍 치솟것네, 혈압이 팍, 치솟것어, 힐레벌떡 웃통 터니 아래통에 내려가서 거기가 어디라고 거길 감히 들어오네. 너   죽고   나   죽자   이 놈   망   할   놈의   **지내   새끼**
....
....
....

　　　마당 귀에 툭 떨어져 이리저리 숨는 놈을 딸딸이 들고 따라가 타악, 때렸더니,

　　읔- ?.!, 하고 입적하셨네.

이것 참,

머쓱하네.
―「入寂・1」 전문

　시에 일상을 도입하면서 거친 시어가 동원되고 형식적 파격이 벌어지는, 심지어 실험시에서나 보임직한, 마치 지네의 행보를 따라 그린 듯한 점선 등의 그래픽 요소가 추가되는 이 사태를 두고 이것이 시조냐 아니냐 묻는 것은 부질없어 보인다. 단지 이러한 형식이 과연 시인 자신의 표현 의도를 성취하는 데에 얼마나 기여하고 있느냐만 관심사가 될 따름이다. 만일 이 시를 점잖은(?) 형식으로 달리 표현했다면 어떤 차이가 벌어졌을지 생각해 보는 것은, 그런 점에서 유익하다. 그렇지 않고서 단지 이러한 경향들에 대하여 그와 같은 시도는 참신성을 금세 잃어버리게 되어 시의 감상을 일회적으로 만들 우려가 있다거나, 작가에 따라서는 신기 추구로 떨어지게 하는 폐단이 있다는 식으로 지적하는 일은 온당치 못하다.
　실제로 이 시인의 경우, 비록 한때의 치기어린 시도조차 없는 것은 아니되, 그 때에도 그의 주된 관심은 어디까지나 형식미의 개척에 있고 그 형식미 추구의 핵심은 시조의 음보가 흔적으로 깔려 이루어내는 미학에 닿아 있다. 그래서 그의 형태적 형식미 추구는 시적 제재가 무엇이든,

그것이 自然과 道의 품위에 맥이 닿은 것이든, 日常과 感情에 충실한 것이든 차별이 없다. 앞 항에서 다룬 시에서도 엿보인 바이지만, 그 단적인 예를 들어 보이면 다음과 같다. 이 시에서 그는 낙조와 낙화의 모습과 강물의 움직임을 수직과 수평 방향의 형태 상징을 통해, 나아가 그 속도감의 대비마저 여실히 포착해 그려내고 있다.

다

저문

강 마을에

매화

꽃,

떨어진다.

그 꽃을 받들기 위해 이 강물이 달려가고

다음 질,

꽃 다칠세라

저 강물이 달려오고……
  ―「매화꽃, 떨어져서」부분

 이제「入寂」으로 다시 돌아가자. 필자의 경우, 이 시가 대단히 재미있다거나 웃음을 유발하는 시라는 생각은 잘 들지 않는다. 사실 이 시는 즐거운 웃음이나 웃는 즐거움을 궁극적으로 겨냥한 것 같지는 않아 보인다. 어떤 논자의 구분에 따르면 대상이나 상황이 즐겁고 우스워서 웃음이 이루어지는 경우를 즐거운 웃음이라 하고, 반면에 대상이 우습거나 즐겁기는커녕 오히려 웃음과 정반대되는 질료이며 상황일 때 유발되는 웃음은 웃음의 즐거움에 속한다고 하거니와, 이 시는 우스운 상황이 잠시 연출되는 듯하더니 그야말로 '머쓱'하게 끝나버리고 말기 때문이다. 이 머쓱함을 위해서 이러한 형식이 동원되어야 했다면 이것은 혹시 형식의 과잉은 아닐까?
 그렇지 않다. 이 시의 饒舌이 없었다면, 그 '머쓱함'이 살아났을 리 없다. 여기서 우리는 다시 왜 이 시의 화자가 '머쓱함'을 느꼈는지 자세히 물어보아야 한다. 우선, 비록 미물일지언정 지네 한 마리 잡아 죽이겠답시고 그 소동을 일으키는 것, 그것이 머쓱했을 터이다. 하지만 더욱 머쓱했을 법한 것은 지네 잡기 위해 이 시의 화자가 보여준 그 집요함이야말로 실은 지네가 보여준 바의 집요함과 다를 바가 없었다는 것, 아니 오히려 지네에 비해 더욱 저열한 종류의 것이었다는 점에 있을 것이다. 화자는 죽이기 위해 집요했지만 지네는 살기 위해 집요했기 때문이다. 그래서 '딸딸이' 슬리퍼에 맞아 죽는 지네가 던진 외마디 "윽-"에 물음표와 느낌표가 이어지는 것조차 그냥 지나쳐지지가 않는 법이다. 물음표는 마치 지네가 왜 자신이 죽어야 하는지 항변하는 것도 같고, 느낌표는 벌레이기에 인간에게 죽어야 하는 운명을 승인하는 것 같기도 하기 때문이다. 이 광경 앞에서 '머쓱'해지지 않는다면, 그야말로 사람도 아니다.

 따라서 이 시는 많은 사설시조의 전통답게 상황의 아이러니를 잘 연출하고 있는 시이다. 특히 지네에 대해 흥분하기 직전 이 화자가 하던 일에 주목해 본다면 이 시의 상황적 아이러니는 더욱 강하게 다가올 것이다. 화자는 고상하게도 蘭盆을 갈고자 하던 이가 아니었던가. 난초를 소중히 여기는 그 고상한 마음씨는 어디로 가고 지네에는 흥분한단 말인가. 그리하여 한 생명을 죽이며 그 잔혹함에 대해서는 생각조차 들지 않는, 그러나 그것이 우리의 습관이요 일상을 지배하는 관념이 아니던가. 이러한 깨달음을 주었은즉, 그 지네의 죽음이야말로 이 시의 제목 그대로 入寂이 아니고 무엇이랴. 이처럼 이종문 시인이 우리에게 주는 웃음과 즐거움은 은근한 것이다.

이 은근함이 일상의 친숙함으로 작동함으로써 그의 시에는 미소가 감돈다. 그의 요설에는 남을 해코지하는 날카로움은 들어 있지 않다. 그저 친한 이웃의 수다처럼, 따스함이 잔뜩 배어나올 뿐이다. 그래서 그의 노래는 어떨 때는 육자배기 가락을 닮았고, 어떨 때는 아이들의 구구단 소리나 놀이 소리를 닮았다. 「入寂」의 지네를 죽이고 얻은 깨달음이 배추벌레에는 어떻게 작동하는지도 그는 아이들 놀이소리마냥 너스레를 떨며 우리에게 이렇게 알려주고 있는 것이다.

> 주말 농장에 가서 조리개로 물을 주니
> 숟갈만한 배추 잎들이 꼼지락거립니다
> 숟갈 속 배추벌레도 꿈틀꿈틀 거립니다.
> 꿈틀꿈틀 대는 놈을 젓갈로 집었더니
> 배추 잎 그 푸른 영혼, 그런 汁을 흘리면서
> 어디가 불편하신 지 온몸을 뒤틉니다.
> 요리조리 트는 놈을, 돌 위에 놔줬더니
> 친애하는 議員 여러분 요놈 좀 보십시오
> 온몸을 둥글게 말고 시치미를 딱 뗍니다.
> 너 뭐냐?, 물었더니 죽은 체 한답니다.
> 너무도 살고 싶어 죽은 체 한다기에
> 돌로 칵, 쳐죽이려다…… 그냥 놓아줍니다.
>
> ―「그냥 놓아줍니다」 전문

그는 이렇듯 작고 꿈틀거리는 것에 유난히 관심이 많다. 때로는 정겨움을, 때로는 안쓰러움과 연민을 불러일으키는 존재들, 가령 "노을 산을 넘고" 있는 "오른쪽/ 더듬이가/ 반도 넘게 뚝, 부러진/ 不具의 귀뚜라미"(「晩秋·1」)와 같은 것들, 그러나 그것이 비단 곤충만을 의미하지는 않을 게다. '너무도 살고 싶어 죽은 체' 하는 배추벌레는 그대로 우리 민중의 모습과 다를 바가 없다. 인간이 배추벌레만도 못했던 시대가 있었으니까.

이러한 素朴함과 靜謐함이 그의 시의 미덕이 되어 준다. 그래서 그에게 정작 '큰 일'은 정치도, 경제도, 민족도, 세계도 아니다. 그래도 그것은 결국 정치가 되고 민족이 될 게다. 일이 없는 것이 일을 이루듯, 작은 일에 정밀하면 큰 일도 어렵지 않을 것이기 때문이다. 이종문 시인이 「큰 일」이란 제목의 시를 쓰면서 鏡虛의 語錄으로부터 "無事亦成事"란 구절을 뽑아 題詞로 삼았은즉, 그 본시는 이러하다.

　　일없는 그 일 말고는 다시는 더 일없는 날,

　지척엔 감을 곳 없는 비온 뒤 호박 넝쿨 제 몸을 칭칭 감는 데 드는 시간 재어 본다. 넝쿨 손 그 앞에다 내 손가락 세워놓고 감을까, 안 감을까, 먼 산을 보는 동안 넝쿨 손 내 손을 감아 간지러워 못 살겠네. 간지러워 못 살 일

생겨 일 없는 줄 몰랐더니, 내 새끼 손 칭칭 감아 이것 참 큰 일 났네.

이것 참 큰 일이 났네, 집에 못 가 큰 일 났네.

일없음이란 일상의 노동으로부터 벗어나는 시간. 그 시간에 그가 저지른 일은 호박에 대한 연민으로 인해 손가락 내밀어 넝쿨 감게 하는 일. 그 일로 인해 큰 일이 벌어졌으니 그것은 집에 못 가는 일, 곧 일상으로 복귀하지 못하는 일.
   그러나 우리는 이 시의 엄살을 안다. 집에 못 가서 큰 일은 아니라는 것을. 오히려 우리는 이 시를 통해 집에 못 갈 정도의 큰 일이란 진정 어떤 것인지를 새삼 일깨워주는 듯하다. 이번에도 역시 호박을 상징으로 읽고 싶음은 왜일까. 그래, 하루하루 제 몸을 칭칭 감으며 일어서야 하는 존재들이 어디 호박뿐이랴. 지척에 제 몸 감을 곳 없는 신세가 어디 호박뿐이랴. 그들을 돕는 것은 손가락 하나 내미는 정도의 작은 일이다. 그런데 우리는 집에 가는 일이 더 큰 일이라 생각해 그 작은 일을 하지 못한다. 그런 일 하면 큰 일 나니까 말이다. 그렇다면, 마찬가지 이유로 해서, 그의 이 소박한 시편들은 위대하다.
   상황의 역설, 또는 아이러니를 통해 이 시인이 진지하게 보여주고자 하는 세계는 아마도 '생명'의 위대성일 것이라고 필자는 생각한다. 바라건대, 필자는 그것이 우의적으로 읽혀진다고 말하지는 않았다는 점에 유념해 주었으면 싶다. 寓意의 문법에서 벗어나 象徵으로 향하는 것, 그것이 시조의 형식을 흔적으로 깔면서 그가 가고자 하는 시의 세계라 이해하였을 따름이요, 거기서 은폐와 개진의 긴장을 엿볼 수 있었기 때문이다.

하지만 필자의 이 같은 해설이 그저 작은 세계 그 자체에 逼眞해 들어가고자 하는 시인의 애정을 왜곡하는 것은 아닐까 두렵기조차 하다. 이렇게 한 발 뺄 수밖에 없는 것은 다음과 같은 시가 있기 때문이다. 체험 그 자체를, 체험의 감각까지 그대로 전하는 시, 그것으로 시가 전해 줄 수 있는 사상의 미덕까지 고스란히 간직한 시, 그냥 가만히 느껴 보아야 하는, 또는 느껴 보면 되는 시, 필자는 이 시를 해설할 길이 없어 그대로 다시 전한다.

　　일없는 그 일 말고는 다시는 더 일없는 날

　　탱자나무 울타리의 달팽이를 손에 놓고

　　오른 뿔 눌러나 보랴, 왼 뿔을 또 눌러보랴

　　왼 뿔 누르는 순간 솟아나는 오른 뿔의,

손에 닿지도 않은 그 촉감을 만져보랴

일없는 그 일 말고는 다시는 더 일없는 날
           -「일없는 날」 전문

　일없는 날, 이런 시를 읽는 것은 행복한 일이 될 것이다. 이 시의 왼쪽과 오른쪽을 눌러가며 다시 읽어 보라. 그 촉감이 느껴진다면 마음 속에 달팽이 한 마리쯤 기를 일이다. 일 있는 날에도 만질 수 있게……

이종문 연보

1955년 경북 영천에서 아버지 震基 님과 어머니 鄭英福 님 사이에서 출생.
1974년 임고초등학교와 영천중학교를 거쳐 대구고등학교 졸업.
1979년 한탄강에서 군복무를 마친 후 육군 병장으로 전역.
1980년 계명대 한문교육과 졸업. 이 해에 池和子와 결혼하여 明浚·武浚 두 아들을 둠.
1983년 계명대 대학원 한문학과 졸업.
1992년 고려대 대학원에서 한문학을 전공하고 문학박사학위를 취득했으며, 그간에 『高麗前期 漢文學 硏究』 등 주로 고려시대의 한문학과 관련된 적지 않은 論著를 집필하였음.
1993년 『경향신문』 신춘문예 시조 부문에 「石像의 노래」가 당선되어 문단에 나옴.
1995년 일제 때 폐간된 동인지 <貘>의 중창동인으로 참여하였음.
1998년 <逆流> 동인으로 참여하여 『강은 역류를 꿈꾼다』 등 세 권의 공동 시집을 간행했음.
1999년 작품 「立冬」으로 중앙일보사 제정 제18회 중앙시조대상 (신인상 부문) 수상.
현재   계명대학교 사범대학 한문교육과 교수로 재직하고 있음.

참고문헌

장석주, 「정태적 관조의 시학에서 징후의 시학에로」, 『한국시조』 1994. 가을.
정신재, 「전통적 글쓰기와 낯설게 쓰기」, 『한국시조』 1994. 가을.
박기섭, 「길 위의 폐활량」, 『시조시학』 1997. 하반기호.
박기섭, 「작품으로 보는 현대시조의 문제와 지향」, 『대구시조』 창간호, 1997.
이우걸, 「출구 없는 시대의 노래」, 『시문학』 1998. 1.
이지엽, 「현실과 내면, 그 일탈의 자유의지」, 『강은 역류를 꿈꾼다』, 좋은날, 1999.
신웅순, 「시조의 각질 벗기」, 『열린시조』 1999. 여름.
이달균, 「전환기의 시학」, 『다층』 1999. 가을.
박기섭, 「안의 시간과 밖의 풍경」, 『현대시』 1999. 11.
이상옥, 「디지털 시대, 현대시조의 가능성」, 『그믐의 끝』, 좋은날, 2000.
이정환, 「생태학적 관점에서 본 현대 시조의 양상 연구」, 한국교원대학교 대학원 석사학위논문, 2000.
박기섭, 「삶의 언어, 시의 언어」, 『다층』 2000. 여름.
김홍섭, 「한국의 정형시-고도Godot는 오는가」,(이종문의 시 다섯 편에 대한 소고), 『시와 생명』 2000. 겨울.